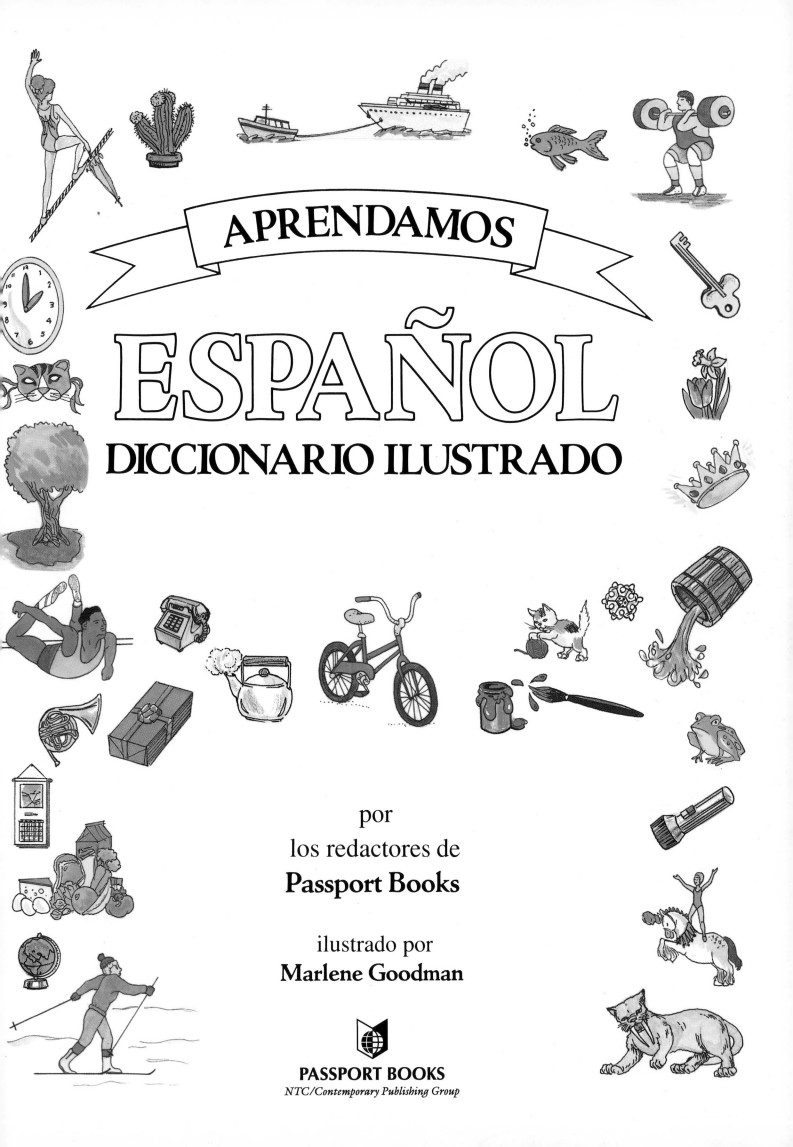

APRENDAMOS
ESPAÑOL
DICCIONARIO ILUSTRADO

por
los redactores de
Passport Books

ilustrado por
Marlene Goodman

PASSPORT BOOKS
NTC/Contemporary Publishing Group

¡Bienvenido al Diccionario ilustrado *Aprendamos español!*

Aquí hay una manera divertida para aprender más de 1,500 palabras que te ayudarán a hablar sobre muchos de tus temas favoritos. Con estas palabras, podrás hablar sobre tu casa, los deportes, el espacio exterior, el océano y muchos temas más.

Es divertido usar este diccionario. En cada página, verás dibujos y, debajo de ellos, palabras que los describen. Generalmente estos dibujos forman parte de una escena grande y animada. ¡A ver si puedes encontrar todas las palabras en la escena grande! Mientras aprendes palabras nuevas vas a disfrutar cada vez más de los dibujos.

Al final del libro hay un índice, una lista en orden alfabético de todas las palabras que están en el diccionario. Puedes buscar palabras en el índice y así saber en qué página se encuentra cada palabra.

Éste es un libro que vas a usar muchísimas veces y cada vez que lo mires descubrirás algo nuevo. ¡Podrás hablar sobre las personas, los lugares y las cosas que conoces y, al mismo tiempo, vas a aprender muchísimas palabras nuevas!

Library of Congress Cataloging-in-Publication Data
is available from the United States Library of Congress.

Otras ilustraciones de Terrie Meider

Published by Passport Books
An imprint of NTC/Contemporary Publishing Company
4255 West Touhy Avenue, Lincolnwood (Chicago), Illinois 60646-1975 U.S.A.
Copyright © 1992 by NTC/Contemporary Publishing Company
All rights reserved. No part of this book may be reproduced, stored in a retrieval system, or transmitted in any form or by any means, electronic, mechanical, photocopying, recording, or otherwise, without the prior permission of NTC/Contemporary Publishing Company.
Printed in Hong Kong
International Standard Book Number: 0-8442-7499-2

0 WK 9 8 7 6

Índice de materias

Índice

1. Nuestra aula

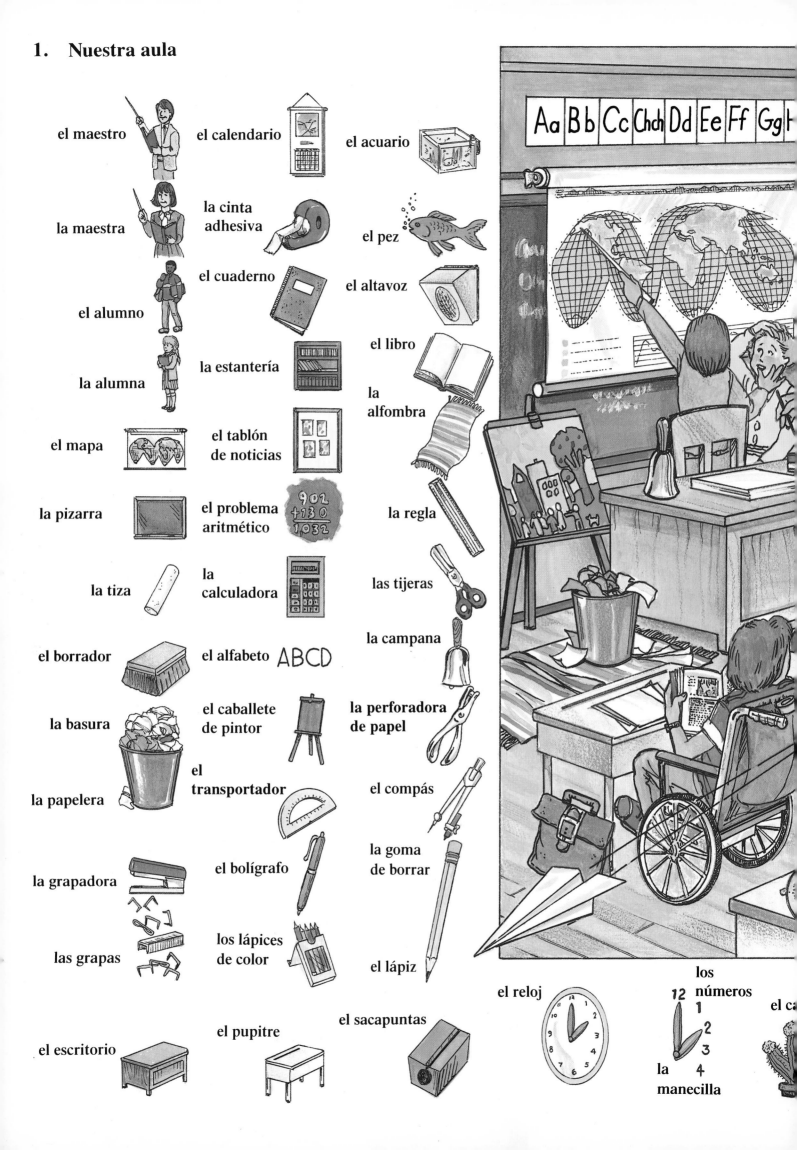

el maestro

la maestra

el alumno

la alumna

el mapa

la pizarra

la tiza

el borrador

la basura

la papelera

la grapadora

las grapas

el escritorio

el calendario

la cinta adhesiva

el cuaderno

la estantería

el tablón de noticias

el problema aritmético

la calculadora

el alfabeto ABCD

el caballete de pintor

el transportador

el bolígrafo

los lápices de color

el pupitre

el acuario

el pez

el altavoz

el libro

la alfombra

la regla

las tijeras

la campana

la perforadora de papel

el compás

la goma de borrar

el lápiz

el sacapuntas

el reloj

los números

la manecilla

el c...

olanta

la cola

el globo
terráqueo

el cuadro

la pintura   el pincel

el papel

el creyón

2. Nuestra casa

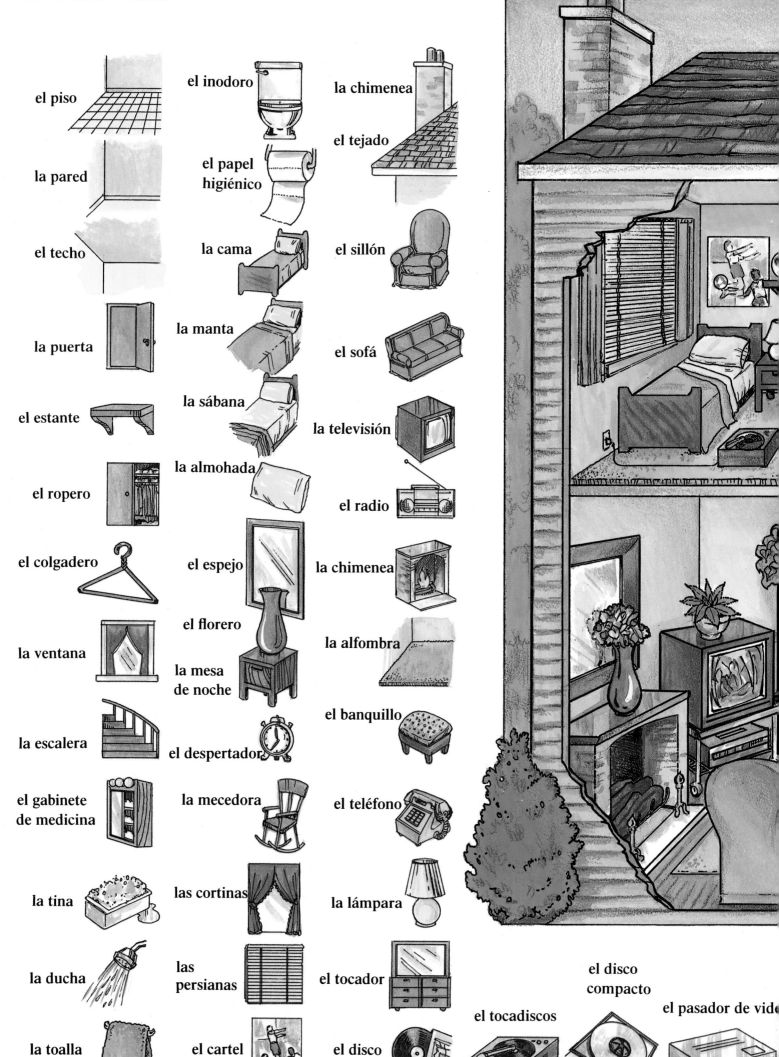

el piso

la pared

el techo

la puerta

el estante

el ropero

el colgadero

la ventana

la escalera

el gabinete
de medicina

la tina

la ducha

la toalla

el inodoro

el papel
higiénico

la cama

la manta

la sábana

la almohada

el espejo

el florero

la mesa
de noche

el despertador

la mecedora

las cortinas

las
persianas

el cartel

la chimenea

el tejado

el sillón

el sofá

la televisión

el radio

la chimenea

la alfombra

el banquillo

el teléfono

la lámpara

el tocador

el disco

el tocadiscos

el disco
compacto

el pasador de vide

 casete

 la grabadora

 el dormitorio

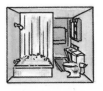 el cuarto de baño

 la sala

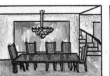 el comedor

 la cocina

3. La cocina

el mostrador

el horno

el grifo

la sartén

las toallas de papel

la silla

la mesa

la nevera

el lavaplatos

la batidora eléctrica

los cubos de hielo

el delantal

el horno de microondas

el congelador

el procesador de alimentos

el cajón

la espátula

la harina

la estufa

el fregadero

la tetera

el tostador

los platos

la esponja

la lavadora

la plancha

el tornillo

la caja de herramientas

el detergente

la ropa sucia

la escoba

el trapeador

el destornillador

la llave de tuercas

la madera

la tabla

el enchufe

la aspiradora

la pala de basura

el taladro

el ladrillo

el papel de lija

la linterna eléctrica

el martillo

la mesa de planchar

el clavo

la lima

la cinta para medir

la sierra

la secadora

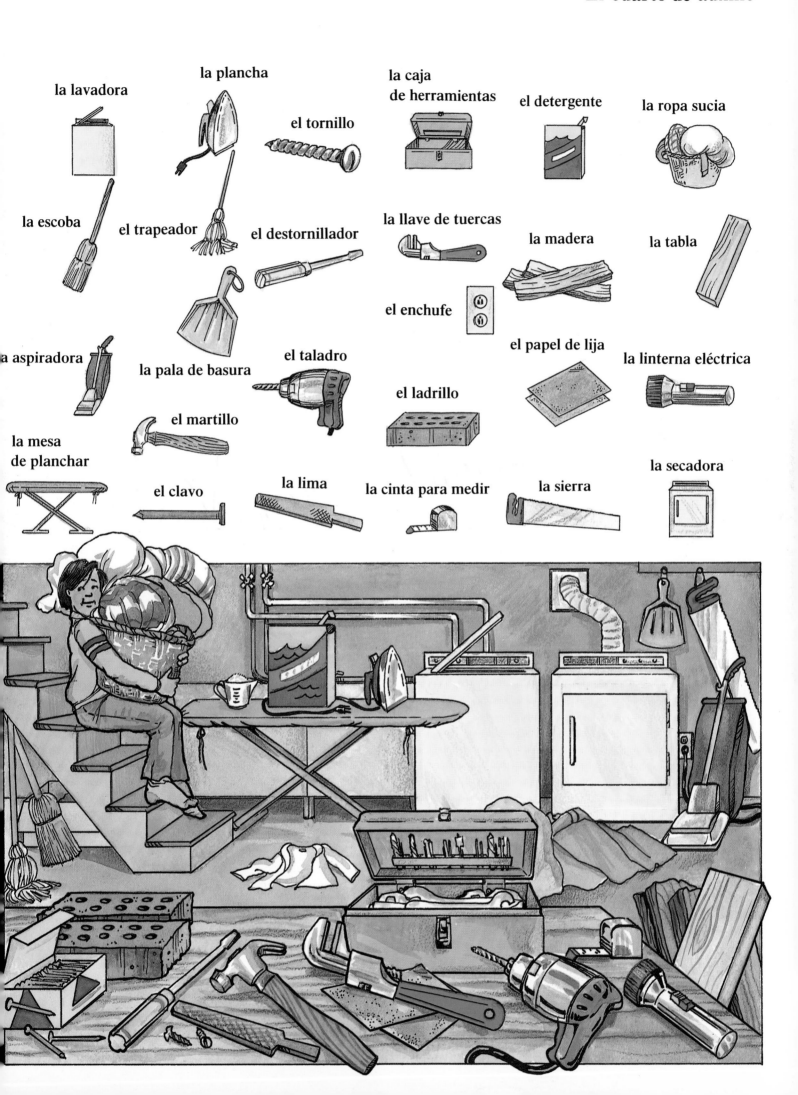

4. El desván

el baúl

el juego

el libro de colorear

la caja

la muñeca

la cajita de música

el polvo

el rompecabezas

el hilado

la cuerda

la cuerda de brincar

las agujas de tejer

la telaraña

el osito

la casa de muñecas

el vestido de baile

los juguetes

el libro de cómicos

el sombrero de copa

el pito

la bombilla

el esmoquin

los naipes

el soldado de juguete

el sombrero

los dados

el proyector de película

la pluma

los cubos

el paraguas

el sombrero de vaquero

el tren eléctrico

el uniforme

el títere

las botas de vaquero

el imán

el abanico

el álbum de fotos

la cuna

las canicas

el caballo mecedor

el ajedrez

la fotografía

el torno de hilar

el marco

la mecedora

el juego de damas

5. Las cuatro estaciones (El tiempo)

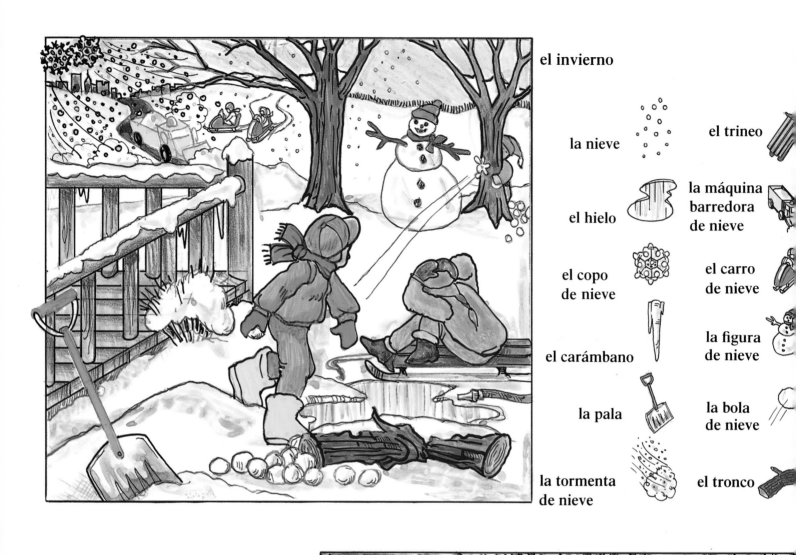

el invierno

la nieve

el trineo

el hielo

la máquina barredora de nieve

el copo de nieve

el carro de nieve

el carámbano

la figura de nieve

la pala

la bola de nieve

la tormenta de nieve

el tronco

la primavera

la lluvia

las flores

el arco iris

el cuadro de jardín

el tallo

el pétalo

el pájaro

el gusano

la hortaliza

la gota de lluvia

el relámpago

el verano

la mariposa

la cortadora
de grama

la mosca

la barbacoa

el matamoscas

la hamaca

el ventilador

el patio

la
regadera

el patio

la
manguera
de jardín

el saltamontes

los fósforos

otoño

el viento

la cometa

la hoja

el charco

la rama

el lodo

la niebla

el nido
de pájaro

el rastrillo

las nubes

el arbusto

6. En el supermercado

las legumbres

la col

la lechuga

las judías verdes

los guisantes

las zanahorias

los tomates

las papas

las cebollas

las espinacas

el aguacate

las nueces

el chocolate

los dulces

la empanada

la fruta

la manzana

la naranja

el limón

el limón verde

las cerezas

el plátano

las uvas

las fresas

el durazno

la toronja

el melón

la sandía

las frambuesas

la piña

la carne

los huevos

la mantequilla

el pan

el queso

la comida

la leche

las galletas dulces

las galletas

las papas fritas a la inglesa

la botella

el jugo

el cereal

la lata

la cena congelada   el jabón   el dinero

carrito de compras

la bolsa de compras

el letrero

la báscula

el precio

la caja

la cajera

7. La ropa

los anteojos

la hebilla

el cinturón

el cuello

la blusa

la pulsera

la sortija

la falda

los calcetines

los zapatos

los pantalones

la ropa interior

el collar

la corbata

la manga

el traje

el vestido

el traje de baño

la camisa

el botón

las orejeras

el pañuelo

el suéter

el cordón

los zapatos de tenis

el abrigo

el traje de malla

el sombrero

los anteojos de sol

el arete

la camisa de entrenamiento

la capucha

el impermeable

los pantalones cortos

el bolsillo

la cremallera

los pantalones de entrenamiento

las sandalias

la camiseta

las botas

la mochila

el paraguas

el reloj

el chaleco de plumón

la bata

el pijama

la bufanda

los vaqueros

la chaqueta

las manoplas

las botas de campo

el gorro

8. En la ciudad

el edificio

el edificio de apartamentos

el rascacielos

la escalera de incendios

la fábrica

el balcón

la chimenea

la estación de bomberos

el semáforo

la estación de policía

la tapa de registro

la cárcel

el camino particular

la librería

el aparcamiento

la juguetería

el parquímetro

la tienda de comestibles

la pastelería

la esquina

la carnicería

la boca de incendios

la plaza

la fuente

la estatua

el periódico

la estación del tren

la iglesia

la escuela

el museo

el hospital

la farmacia

el cine

el restaurante

el almacén

el hotel

el embotellamiento de tráfico

la grúa

el banco

la señal

el patio de recreo

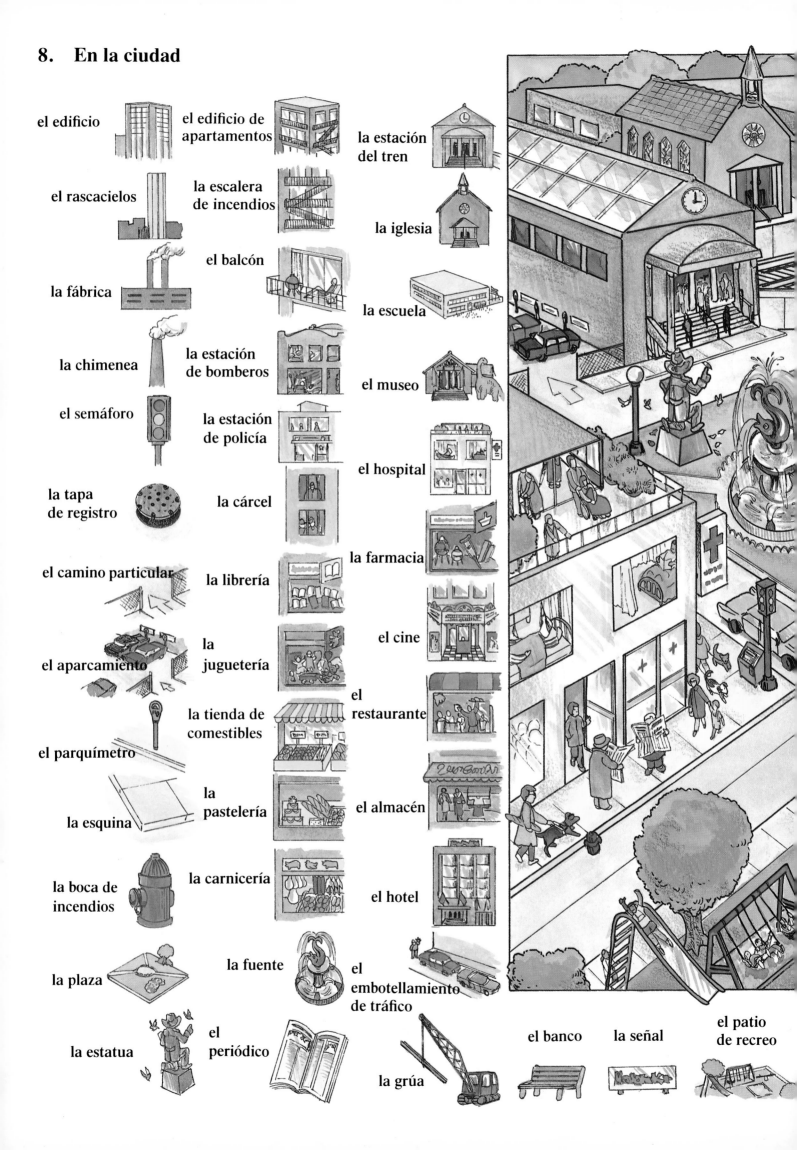

el parque

las barras

los columpios

el sube y baja

el tobogán

el cajón de arena

la playa

9. En el campo

el granjero

el tractor

el granero

la paja

el perro

el cachorro

el gato

el gatito

el gallo

la gallina

el pollito

el cerdo

el cochinillo

el conejo

el toro

la vaca

el becerro

el caballo

el potro

el pato

el patito

la cabra

el chivato

el ganso

el gansarón

la oveja

el cordero

el ratón

los cuernos

el burro

las abejas

la rana

el estanque

la hierba

la cerca

el árbol

la sombra

la colina

el camino

el humo

la excursión

la hormiga

la tierra

la tienda de campaña

el cielo

las vías de
ferrocarril

el saco de dormir

el hombre

la mujer

el niño

la niña

el bebé

la granja

10. En un restaurante

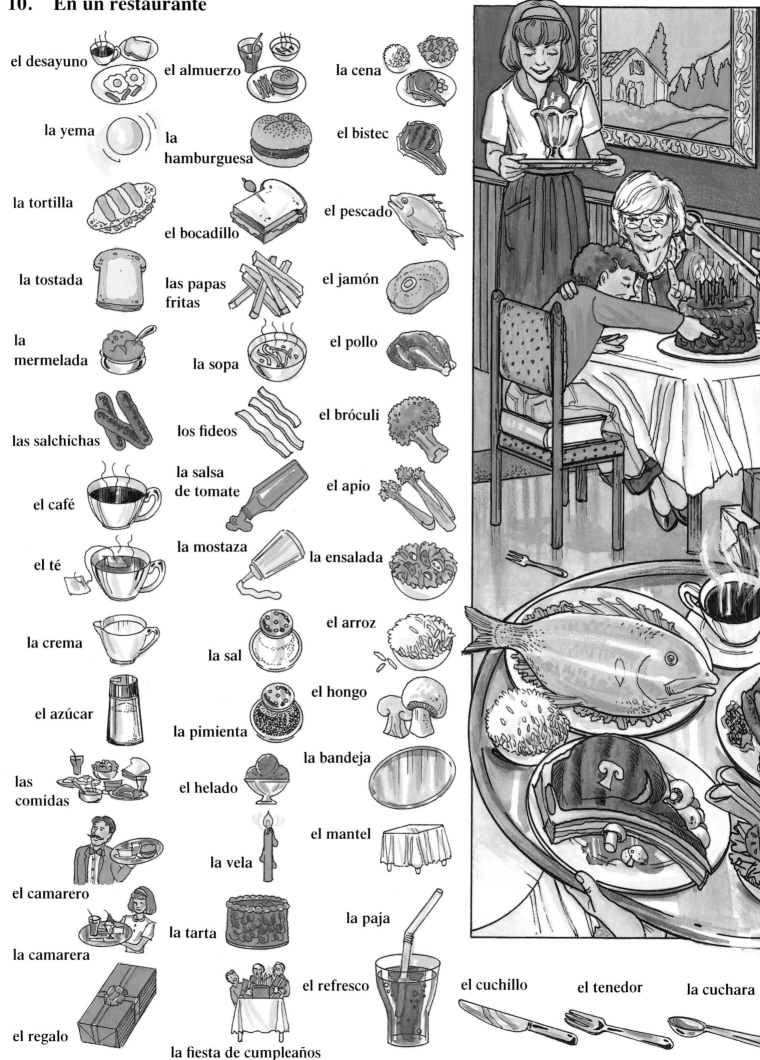

el desayuno

el almuerzo

la cena

la yema

la hamburguesa

el bistec

la tortilla

el bocadillo

el pescado

la tostada

las papas fritas

el jamón

la mermelada

la sopa

el pollo

las salchichas

los fideos

el bróculi

el café

la salsa de tomate

el apio

el té

la mostaza

la ensalada

la crema

la sal

el arroz

el azúcar

la pimienta

el hongo

las comidas

el helado

la bandeja

el camarero

la vela

el mantel

la camarera

la tarta

la paja

el regalo

la fiesta de cumpleaños

el refresco

el cuchillo

el tenedor

la cuchara

el plato

el platillo

la taza

el vaso

el tazón

la servilleta

el menú

11. La oficina del médico

la médica

la escayola

el enfermero

el cabestillo

el paciente

la aguja hipodérmica

la medicina

la sangre

la pastilla

el bastón

el termómetro

la muleta

la venda adhesiva

el estetoscopio

la camilla

el estornudo

el brazo

el codo

la mano

el dedo

el pulgar

la pierna

la silla de ruedas

el pie

el tobillo

el dedo (del pie)

el hombro

la espalda

el pecho

la rodilla

La oficina del dentista

el dentista

la sala de espera

la ceja

los frenos

higienista dental

las revistas

los ojos

la cabeza

el diente

los rayos X

la nariz

la cara

el cepillo de dientes

la sonrisa

la boca

la mejilla

la pasta dentífrica

los labios

la barbilla

seda dental

la lengua

la oreja

la frente

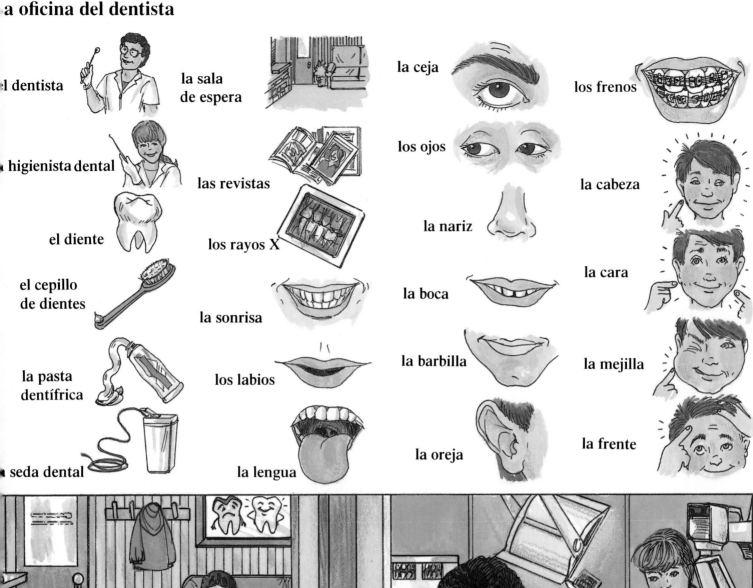

12. La peluquería de caballeros y señoras

la peluquera

la espuma de pelo

el pasador

el champú

la manicura

la trenza

la espuma

la uña

ondulado

el peine

el esmalte

liso

el cepillo

el lápiz de labios

rizado

las tijeras

el rimel

corto

los rollos

el polvo

largo

el rizador

el secador

negro

el barbero

calvo

moreno

la crema de afeitar

el bigote

rubio

la navaja de afeitar

las pecas

pelirrojo

la barba

la pedicura

la uña (del pie)

el cortaúñas

la lima

el corte a cepill

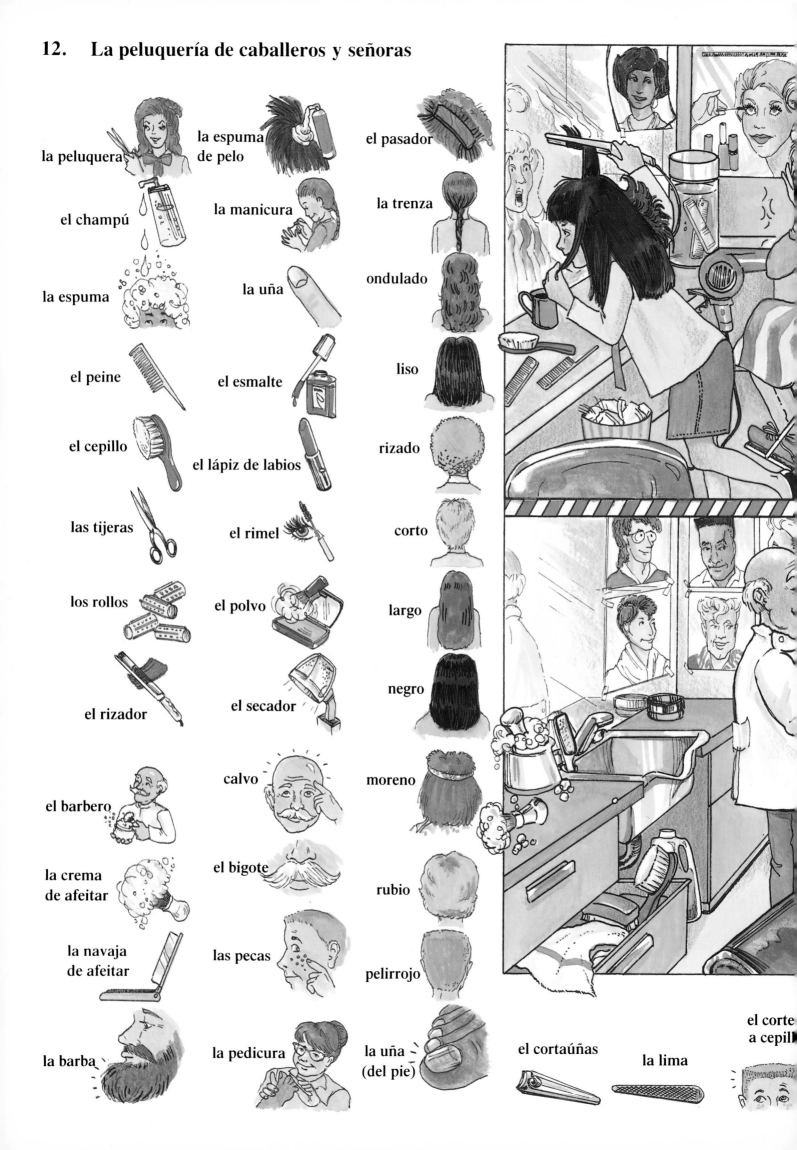

la cola
de caballo

el flequillo

el moño

la raya

la laca

el pelo

el secador

13. El correo

la cinta

el paquete

la balanza

el tampón de entintar

el apartado postal

el sello de goma

la etiqueta

la cinta de goma

la carta

la tarjeta postal

el cordel

el nudo

el lazo

el matasellos

la cabina telefónica

el remitente

la dirección

9575

60016

el código postal

60016

el buzón

la ranura

la bolsa de correo

el empleado postal

el sello

El banco

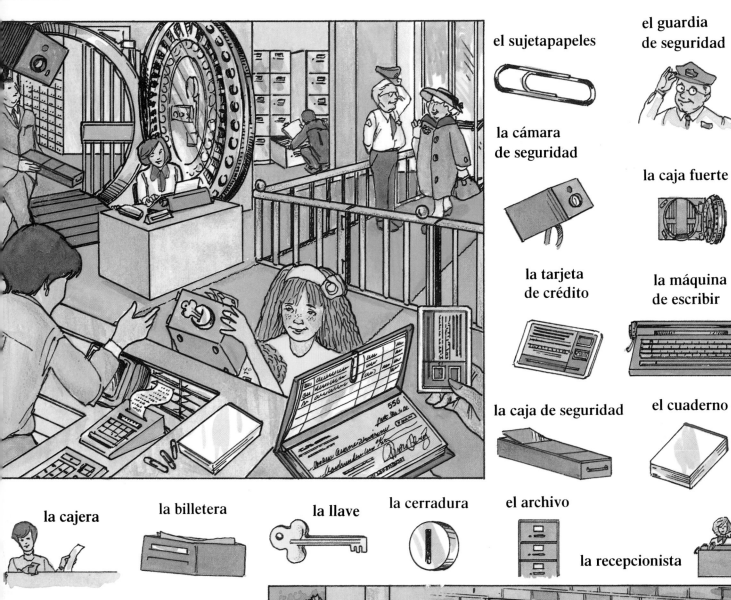

el sujetapapeles

el guardia de seguridad

la cámara de seguridad

la caja fuerte

la tarjeta de crédito

la máquina de escribir

la caja de seguridad

el cuaderno

la cajera

la billetera

la llave

la cerradura

el archivo

la recepcionista

el billete

la moneda

el cheque

el talonario de cheques

la hucha

la firma

el servicio para automovilistas

el cajero automático

14. En la gasolinera

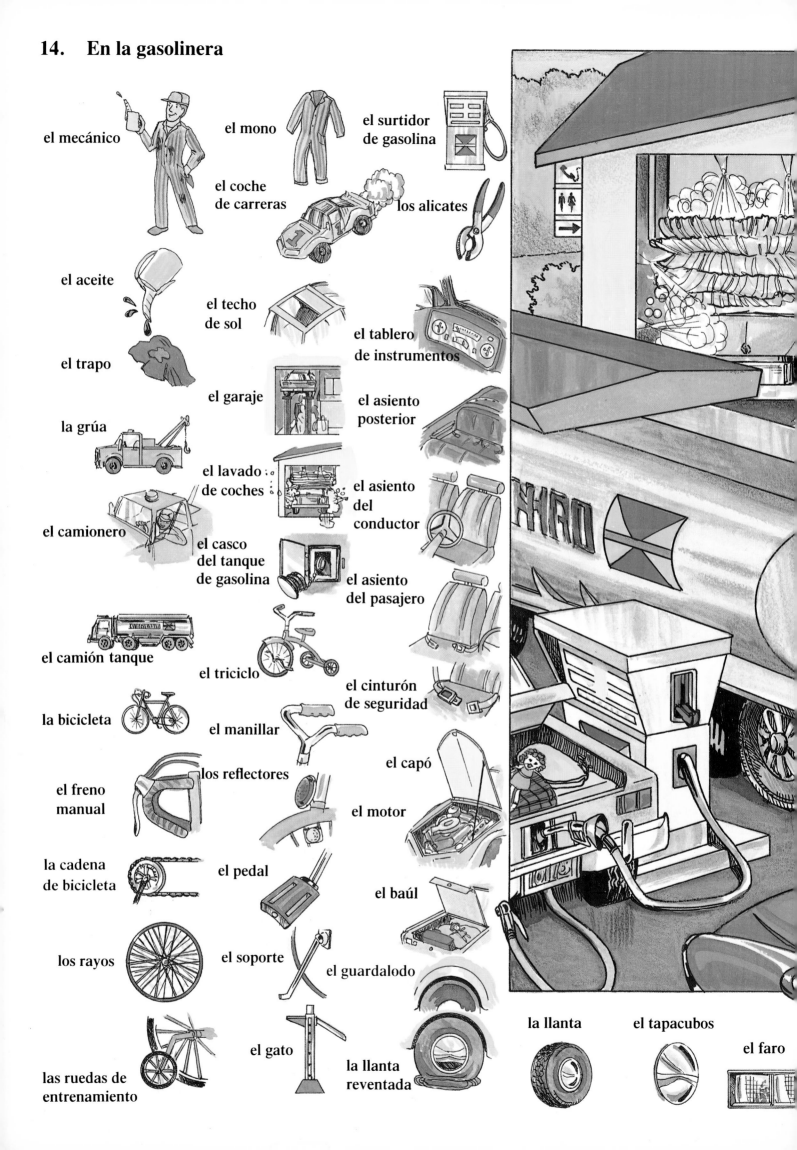

el mecánico

el mono

el surtidor
de gasolina

el coche
de carreras

los alicates

el aceite

el techo
de sol

el tablero
de instrumentos

el trapo

el garaje

el asiento
posterior

la grúa

el lavado
de coches

el asiento
del
conductor

el camionero

el casco
del tanque
de gasolina

el asiento
del pasajero

el camión tanque

el triciclo

el cinturón
de seguridad

la bicicleta

el manillar

el capó

el freno
manual

los reflectores

el motor

la cadena
de bicicleta

el pedal

el baúl

los rayos

el soporte

el guardalodo

las ruedas de
entrenamiento

el gato

la llanta
reventada

la llanta

el tapacubos

el faro

los faros
de freno

el parabrisas

los limpiaparabrisas
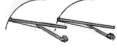

el volante

el espejo retrovisor

la manga
de aire

la manilla

15. Las personas de nuestra comunidad

la vendedora

el electricista

la juez

el cocinero

la modelo

el atleta

la arquitecta

el portero

el bombero

la conductora de autobús

el reparador de televisión

el taxista

el plomero

la diseñadora de modas

la guía

el librero

la programadora de computadoras

el bibliotecario

el fotógrafo

el jardinero

el pintor

el vendedor

la secretaria

el meteorólogo

la veterinaria

la policía

el disc jockey

el periodista

el obrero

la florera

el sastre

la trabajadora de fábrica

la oculista

el carnicero

el joyero

el capataz

el carpintero

la banquera

la farmacéutica

el marinero

la abogada

la artista

el auxiliar del médico

el cartero

el vaquero

el pescador

el policía

el astrónomo

16. El transporte

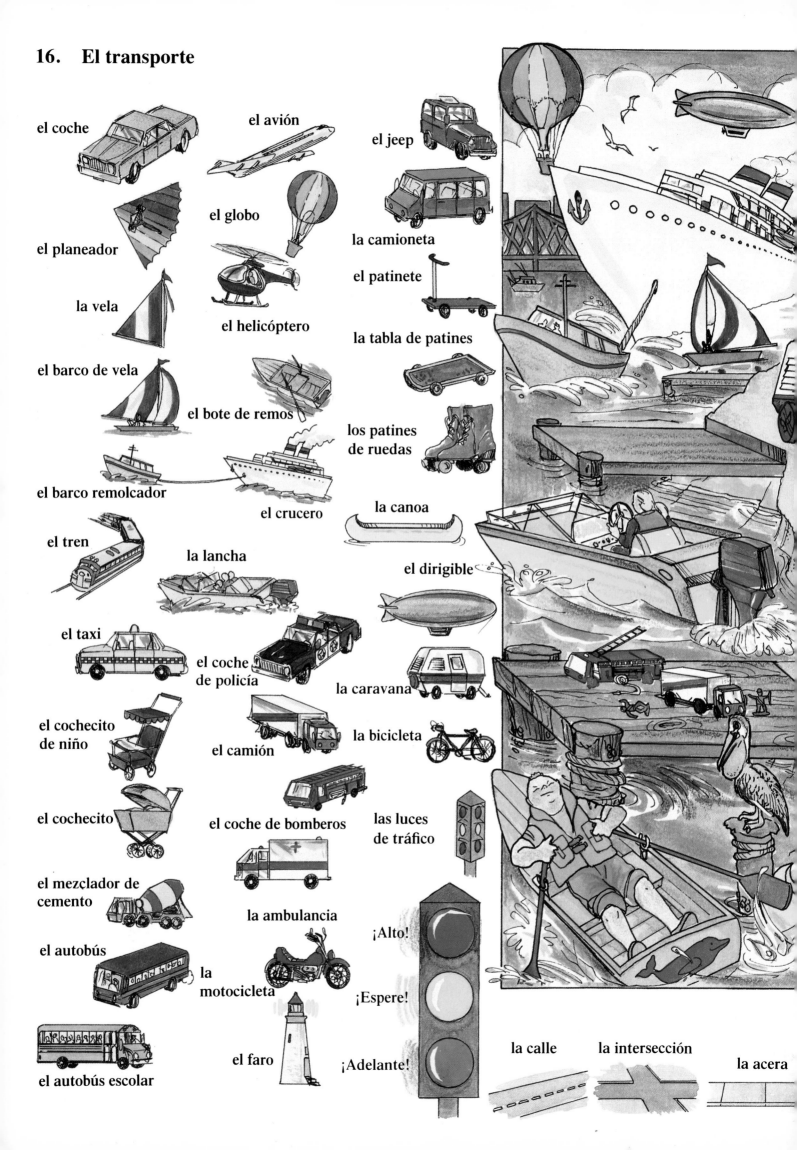

el coche

el avión

el jeep

el planeador

el globo

la camioneta

la vela

el helicóptero

el patinete

el barco de vela

la tabla de patines

el bote de remos

los patines
de ruedas

el barco remolcador

el crucero

la canoa

el tren

la lancha

el dirigible

el taxi

el coche
de policía

la caravana

el cochecito
de niño

la bicicleta

el camión

el cochecito

el coche de bomberos

las luces
de tráfico

el mezclador de
cemento

la ambulancia

¡Alto!

el autobús

la
motocicleta

¡Espere!

el faro

la calle

la intersección

el autobús escolar

¡Adelante!

la acera

el muelle

la parada de autobús

el puente

el cruce de peatones

el remo

el barco

la señal de alto

17. El aeropuerto

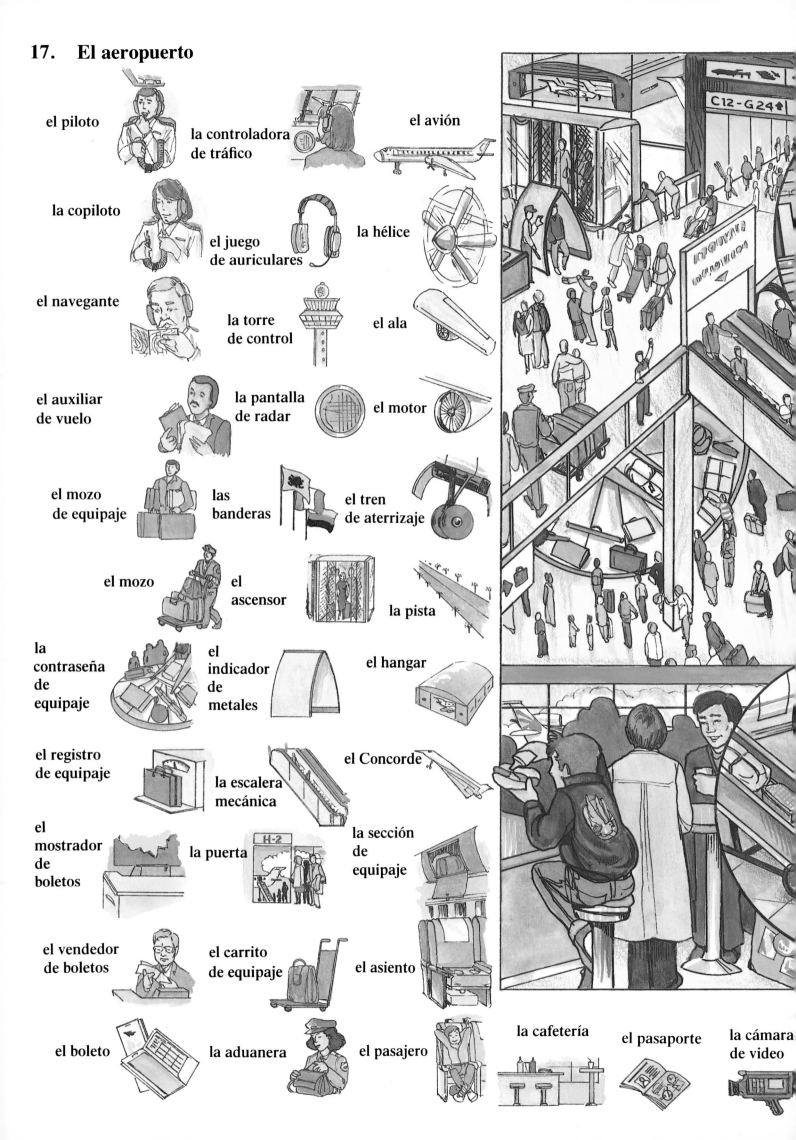

el piloto

la controladora
de tráfico

el avión

la copiloto

el juego
de auriculares

la hélice

el navegante

la torre
de control

el ala

el auxiliar
de vuelo

la pantalla
de radar

el motor

el mozo
de equipaje

las
banderas

el tren
de aterrizaje

el mozo

el
ascensor

la pista

la
contraseña
de
equipaje

el
indicador
de
metales

el hangar

el registro
de equipaje

la escalera
mecánica

el Concorde

el
mostrador
de
boletos

la puerta

la sección
de
equipaje

el vendedor
de boletos

el carrito
de equipaje

el asiento

el boleto

la aduanera

el pasajero

la cafetería

el pasaporte

la cámara
de video

la raqueta de tenis los prismáticos la cámara el bolso la maleta la maleta para vestidos y trajes la cartera

18. Los deportes

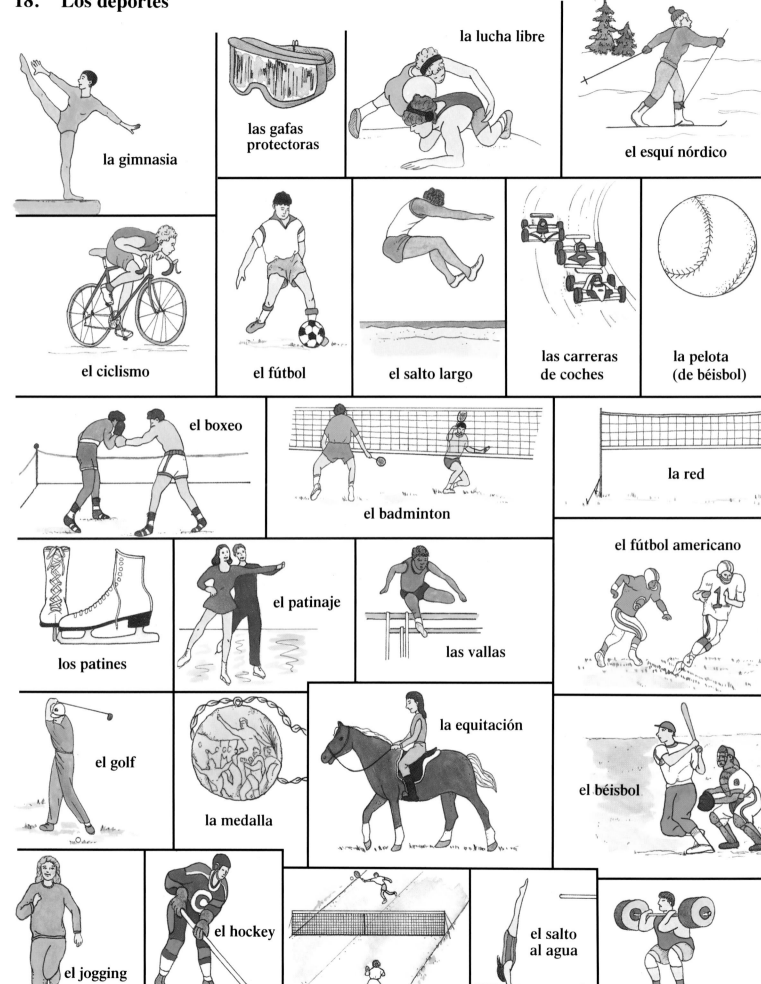

la gimnasia

las gafas protectoras

la lucha libre

el esquí nórdico

el ciclismo

el fútbol

el salto largo

las carreras de coches

la pelota (de béisbol)

el boxeo

el badminton

la red

el fútbol americano

los patines

el patinaje

las vallas

el golf

la medalla

la equitación

el béisbol

el jogging

el hockey

el tenis

el salto al agua

el levantamiento de pesos

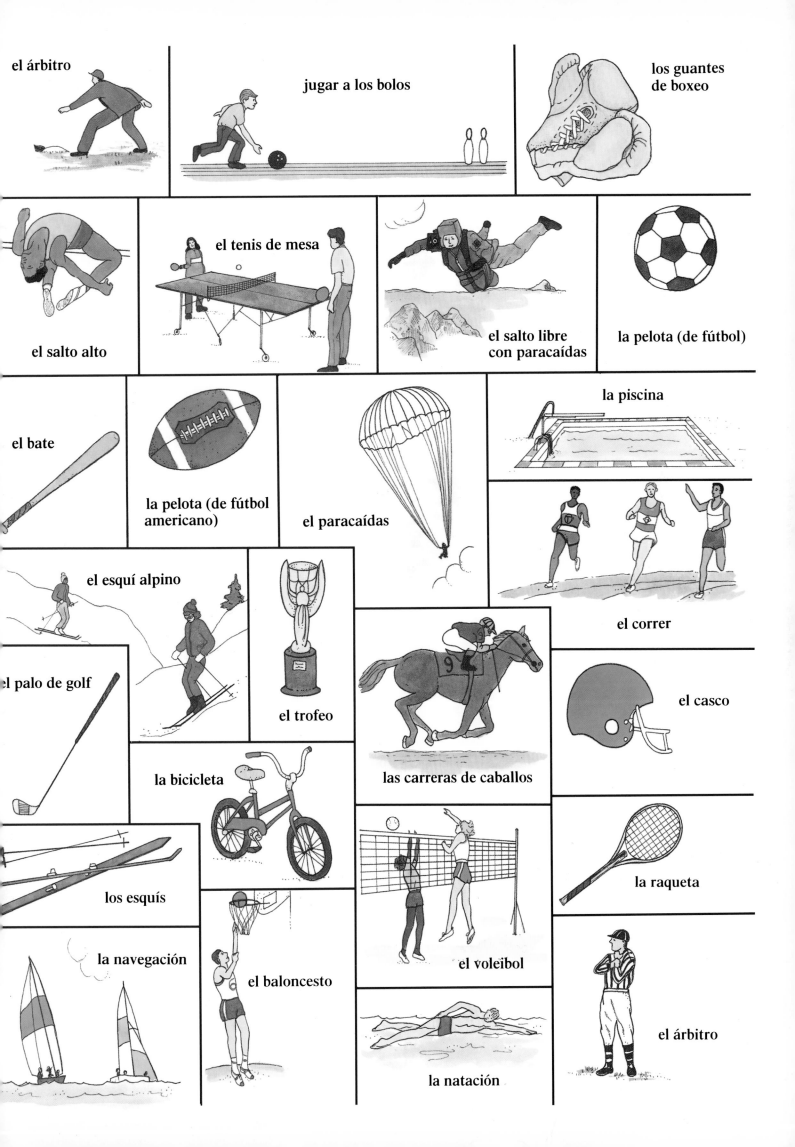

el árbitro

jugar a los bolos

los guantes de boxeo

el salto alto

el tenis de mesa

el salto libre con paracaídas

la pelota (de fútbol)

el bate

la pelota (de fútbol americano)

el paracaídas

la piscina

el esquí alpino

el palo de golf

el trofeo

las carreras de caballos

el correr

el casco

la bicicleta

los esquís

la navegación

el baloncesto

el voleibol

la raqueta

la natación

el árbitro

19. El espectáculo

el actor

la actriz

los niños

el auditorio

el público

el cantante

el escenario

el telón

la bailarina

el decorado

el guión

las zapatillas de ballet

el proyector de teatro

el camarín

el tutú

la cuerda

la máquina de coser

la malla

el micrófono

el animador

el disfraz

el maquillaje

el foso de la orquesta

la máscara

la música

la orquesta

la peluca

el director

el acordeón

los címbalos

la trompeta

el saxofón

el corno francés

el piano

el xilófono

el violín

el arco

la guitarra

el tambor

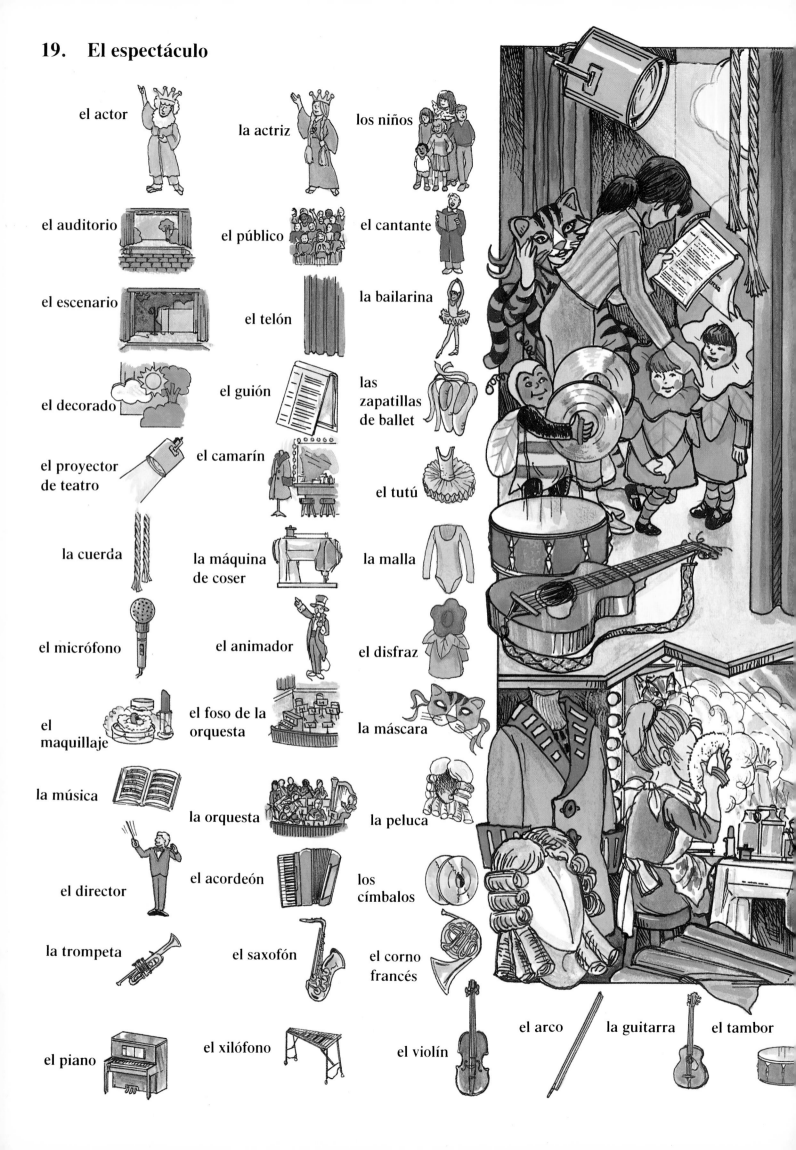

la tuba la flauta el trombón el clarinete el violoncelo las cuerdas el arpa

20. En el jardín zoológico

el guardián de zoológico

el elefante

el rinoceronte

el avestruz

el león

el oso

el tigre

el cachorro de oso

el cachorro de tigre

el oso polar

el jaguar

el panda

el leopardo

el gorila

el flamenco

el loro

la serpiente

la lechuza

el cisne

la foca

el pingüino

la morsa

el pavo real

la giba

el águila

el camello

los animales

el zorro

el lobo

el caimán

la cebra

la jirafa

el mono

el hipopótamo

el canguro

el ciervo

el lagarto

la tortuga

los cuernos

las alas

las plumas

el pico

la crin

la cola

el casco

la pata   las garras

las rayas   las manchas

21. En el circo

la payasa

el mago

el malabarista

la taquilla

las palomitas

el león

las entradas

los zancos

la manzana de caramelo

el palo de tienda

la vara

la tienda mayor del circo

el globo

el elefante

el turbante

el desfile del circo

los cacahuates

la lámpara flash

la bombilla

la película

la cámara

la noche

los baños

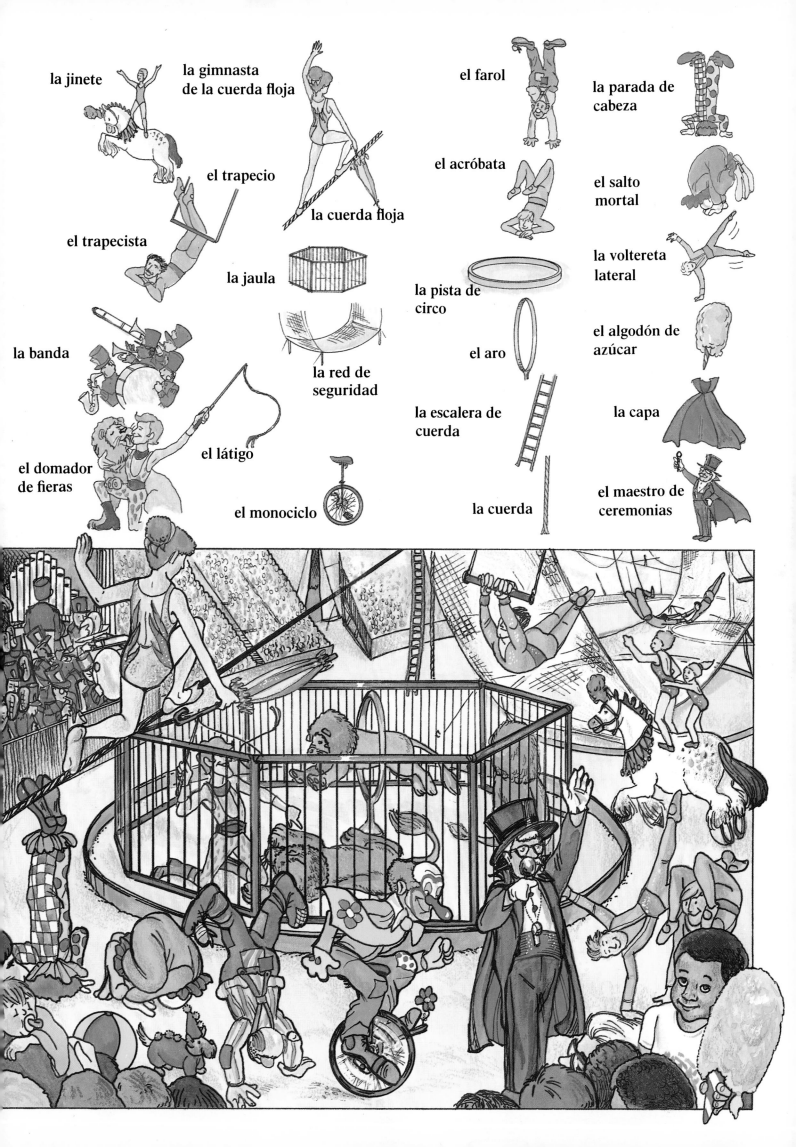

la jinete

la gimnasta
de la cuerda floja

el farol

la parada de
cabeza

el trapecio

el acróbata

el salto
mortal

la cuerda floja

el trapecista

la voltereta
lateral

la jaula

la pista de
circo

el algodón de
azúcar

la banda

la red de
seguridad

el aro

la capa

el látigo

la escalera de
cuerda

el domador
de fieras

el maestro de
ceremonias

el monociclo

la cuerda

22. En el mar

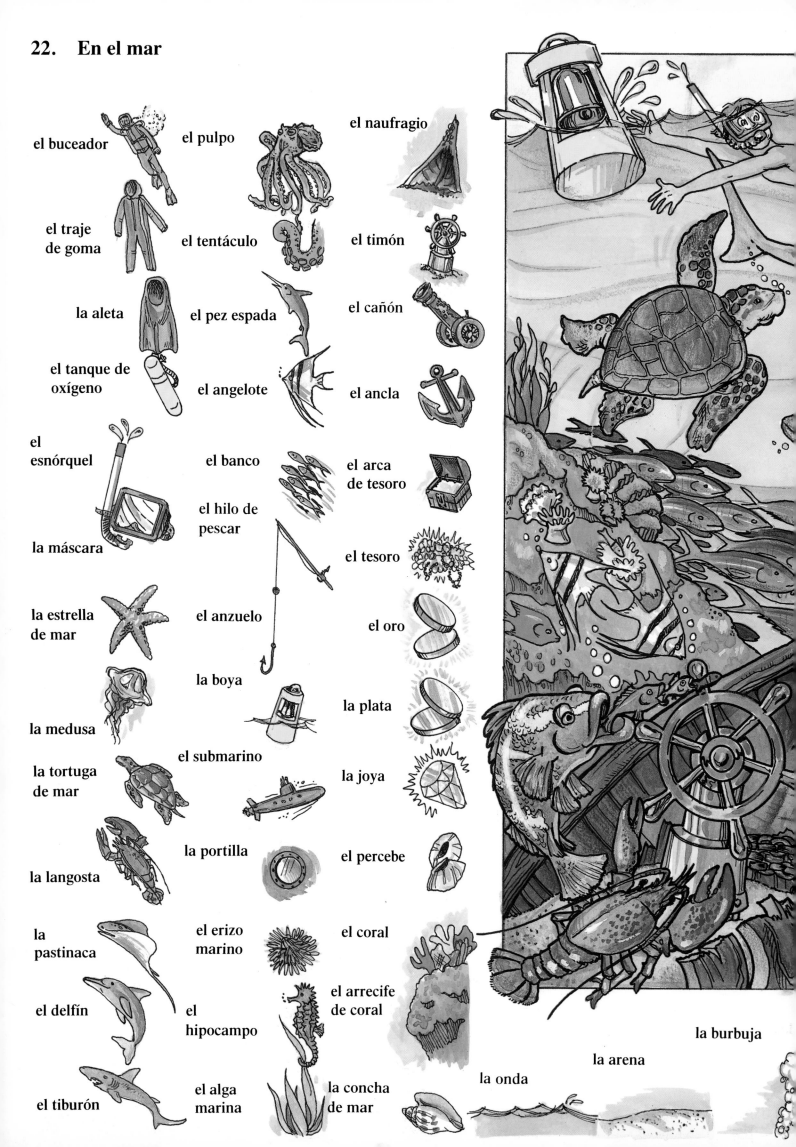

el buceador

el pulpo

el naufragio

el traje
de goma

el tentáculo

el timón

la aleta

el pez espada

el cañón

el tanque de
oxígeno

el angelote

el ancla

el
esnórquel

el banco

el arca
de tesoro

el hilo de
pescar

la máscara

el tesoro

la estrella
de mar

el anzuelo

el oro

la boya

la plata

la medusa

el submarino

la joya

la tortuga
de mar

la portilla

el percebe

la langosta

la
pastinaca

el erizo
marino

el coral

el delfín

el
hipocampo

el arrecife
de coral

la burbuja

la arena

el tiburón

el alga
marina

la concha
de mar

la onda

las escamas   las agallas   la aleta

la almeja

el cangrejo

el calamar

la ballena

23. El espacio

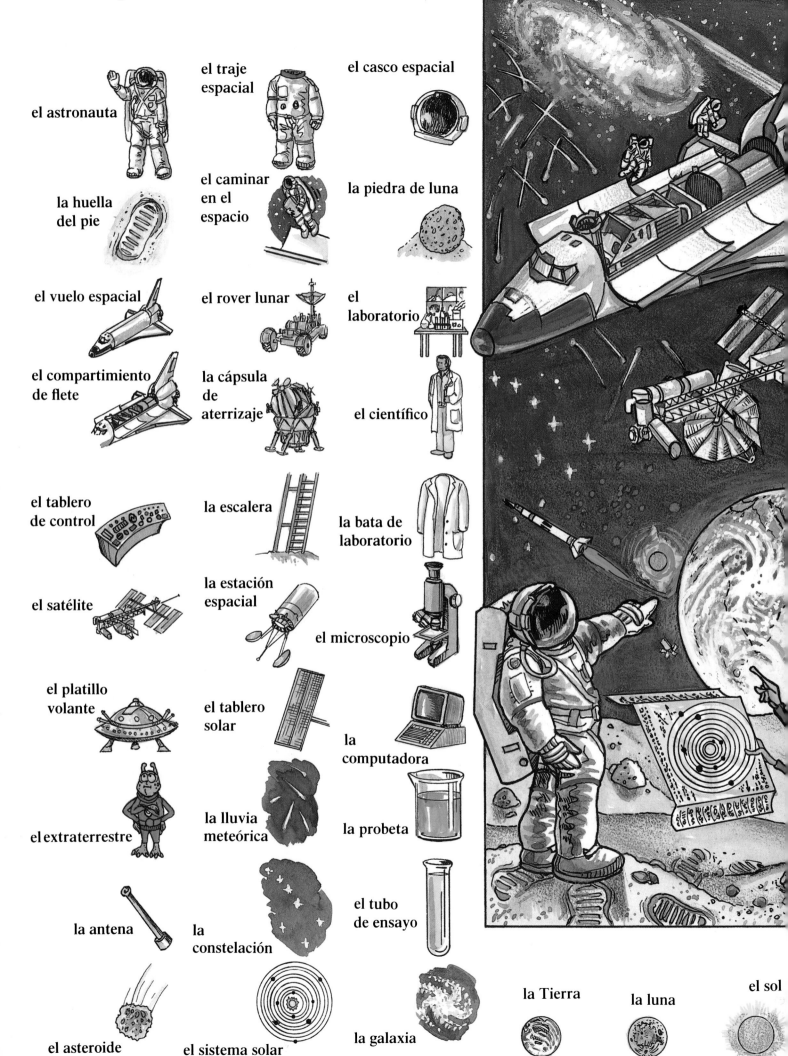

el astronauta

el traje espacial

el casco espacial

la huella del pie

el caminar en el espacio

la piedra de luna

el vuelo espacial

el rover lunar

el laboratorio

el compartimiento de flete

la cápsula de aterrizaje

el científico

el tablero de control

la escalera

la bata de laboratorio

el satélite

la estación espacial

el platillo volante

el tablero solar

el microscopio

la computadora

el extraterrestre

la lluvia meteórica

la probeta

la antena

la constelación

el tubo de ensayo

el asteroide

el sistema solar

la galaxia

la Tierra

la luna

el sol

el planeta   los anillos   el cráter   las estrellas   el cometa   la nebulosa   el cohete

el robot

24. La historia de la humanidad

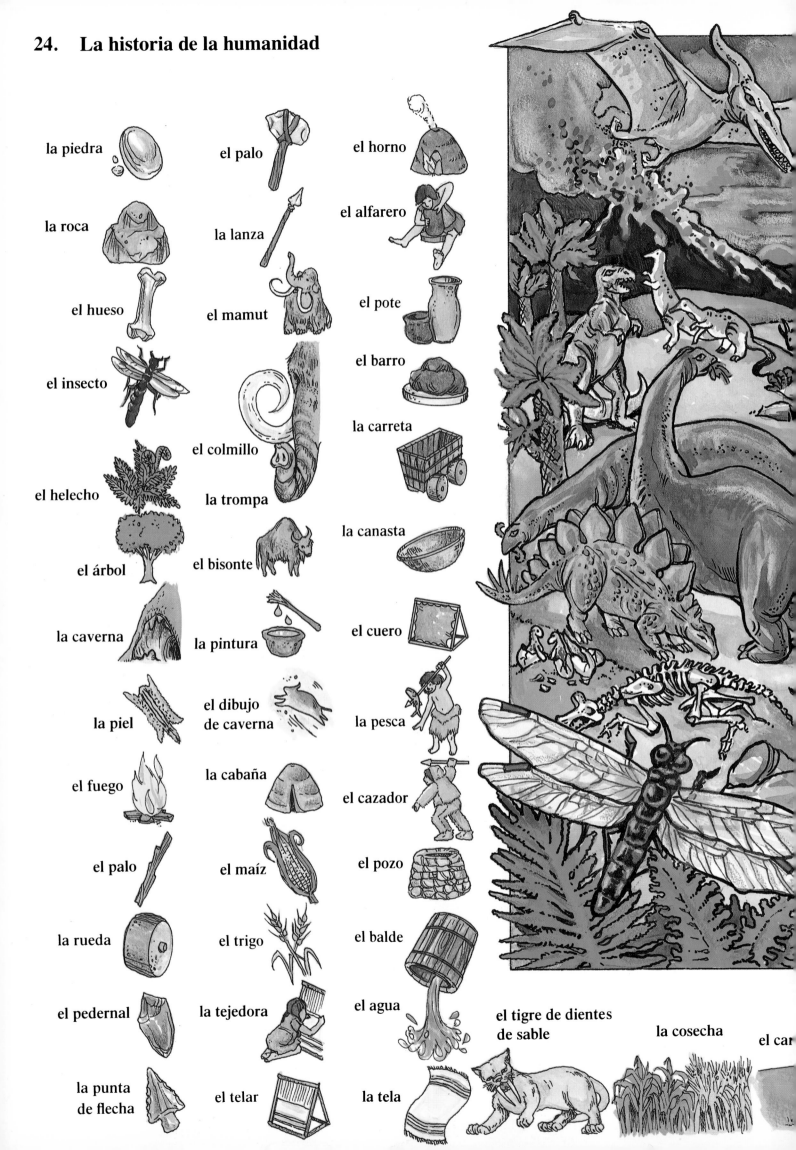

la piedra

la roca

el hueso

el insecto

el helecho

el árbol

la caverna

la piel

el fuego

el palo

la rueda

el pedernal

la punta
de flecha

el palo

la lanza

el mamut

el colmillo

la trompa

el bisonte

la pintura

el dibujo
de caverna

la cabaña

el maíz

el trigo

la tejedora

el telar

el horno

el alfarero

el pote

el barro

la carreta

la canasta

el cuero

la pesca

el cazador

el pozo

el balde

el agua

la tela

el tigre de dientes
de sable

la cosecha

el car

la villa   los cavernícolas

el esqueleto   el dinosaurio   el pterodáctilo

25. El castillo de ficción

el estandarte

el dragón

la varilla mágica

el hada

el duende

el gigante

la fragua

el herrero

el yunque

la herradura

la torre

el patio

el escudero

el caballero

la armadura

la cota de mallas

el bosque

la silla de montar

el estribo

las riendas

el establo

el calabozo

el foso

el castillo

el bufón

el trovador

el unicornio

la lanza

el escudo

el hacha

la espada

el arco

la flecha

la aljaba

el arquero

el puente levadizo

el murciélago

la rata

la corona

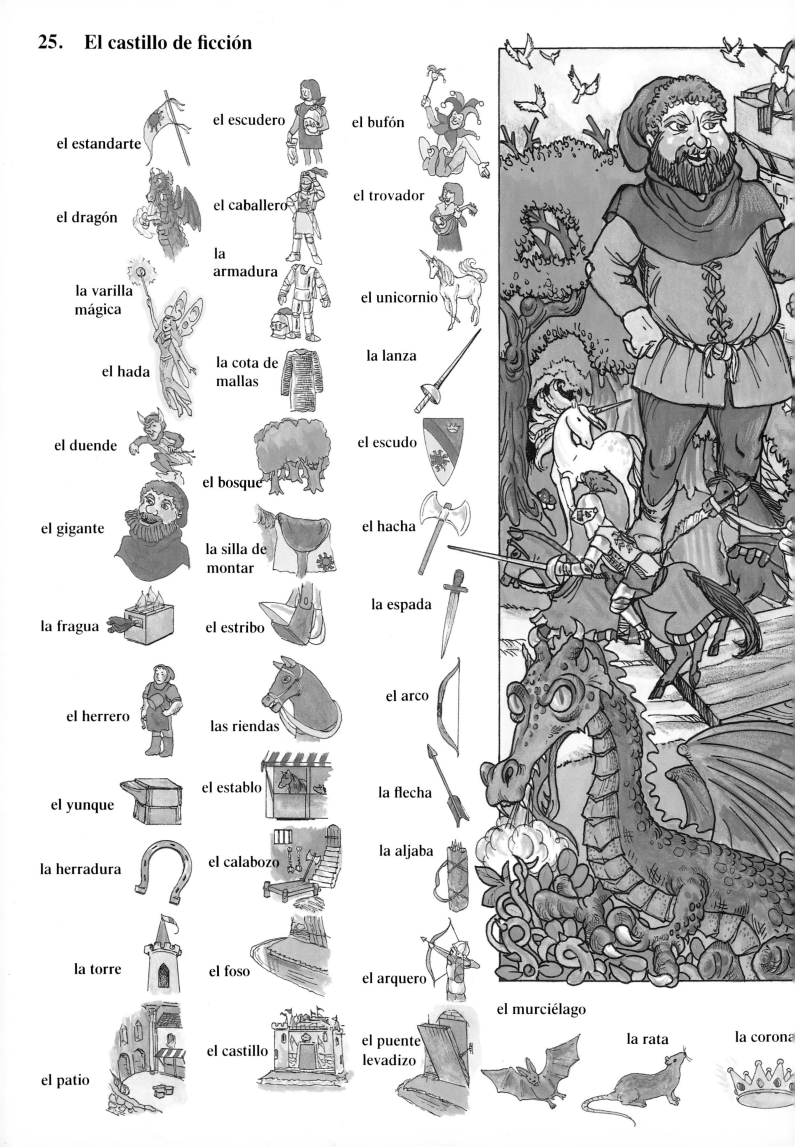

el rey   la reina   la princesa

el príncipe   el trono

la telaraña

la araña

26. A la caza del ratón (Preposiciones y adjetivos)

encima de

detrás de

enfrente de

bueno

sobre

dentro de

fuera de

malo

debajo de

al lado de

suave

alto

ancho

estrecho

bajo

pesado

grande

difícil

mediano

pequeño

seco

mojado

gordo

lleno

vacío

27. Palabras de acción

beber · comer · dormir · lavarse · patinar

caerse · llorar · reírse · volar · escribir

leer · jugar · tocar · sentarse · ponerse de pie

bailar · caminar · correr · subir · saltar

manejar · empujar · vender · comprar · esquiar

saltar (al agua) · nadar · pintar · dibujar · montar en bicicleta

venir   ir   tirar   recoger   mirar

cantar   hablar   patear   escuchar   pensar

rugir   cavar   regar   hacer juegos malabares   señalar

buscar   encontrar   dar   recibir   cortar

cocinar   abrir   cerrar   bañarse   enseñar

romper   arreglar   llevar   tirar   esperar

28. Los colores

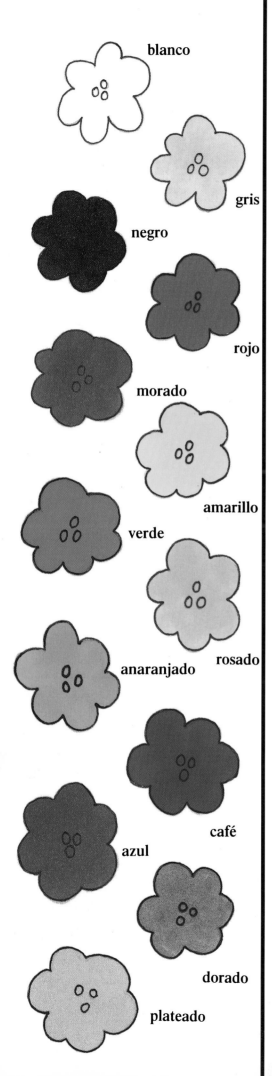

blanco

gris

negro

rojo

morado

amarillo

verde

rosado

anaranjado

café

azul

dorado

plateado

29. El árbol genealógico

la abuela, la abuelita

el padre, el papá

la madre, la mamá

el hijo

el hermano

la hermana

el abuelo, el abuelito

el tío

la tía

el primo

la prima

la hija

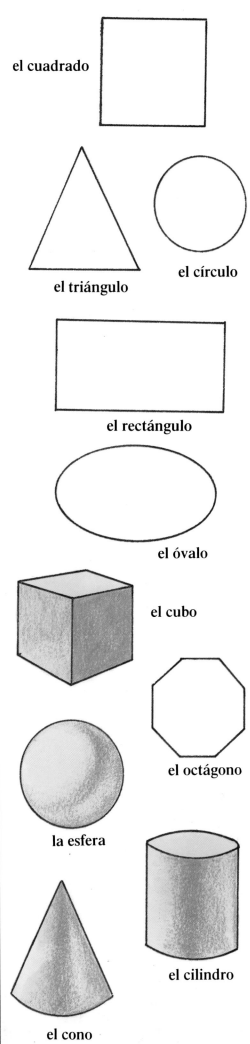

el cuadrado

el triángulo

el círculo

el rectángulo

el óvalo

el cubo

el octágono

la esfera

el cilindro

el cono

31. Los números

Los números ordinales

décimo

noveno

octavo

sexto

séptimo

cuarto

quinto

segundo

tercero

primero

Los números cardinales

0	½	1	2	3	4	5	6
cero	la mitad	uno	dos	tres	cuatro	cinco	seis

16	17	18	19	20	21
dieciséis	diecisiete	dieciocho	diecinueve	veinte	veintiuno

28	29	30	31
veintiocho	veintinueve	treinta	treinta y uno

37	38	39	40
treinta y siete	treinta y ocho	treinta y nueve	cuarenta

46	47	48	49
cuarenta y seis	cuarenta y siete	cuarenta y ocho	cuarenta y nueve

55	56	57	58
cincuenta y cinco	cincuenta y seis	cincuenta y siete	cincuenta y ocho

64	65	66	67
sesenta y cuatro	sesenta y cinco	sesenta y seis	sesenta y siete

73	74	75	76
setenta y tres	setenta y cuatro	setenta y cinco	setenta y seis

82	83	84	85
ochenta y dos	ochenta y tres	ochenta y cuatro	ochenta y cinco

91	92	93	94
noventa y uno	noventa y dos	noventa y tres	noventa y cuatro

100	1,000	10,000
cien	mil	diez mil

7 siete **8** ocho **9** nueve **10** diez **11** once **12** doce **13** trece **14** catorce **15** quince

22 veintidós **23** veintitrés **24** veinticuatro **25** veinticinco **26** veintiséis **27** veintisiete

32 treinta y dos **33** treinta y tres **34** treinta y cuatro **35** treinta y cinco **36** treinta y seis

41 cuarenta y uno **42** cuarenta y dos **43** cuarenta y tres **44** cuarenta y cuatro **45** cuarenta y cinco

50 cincuenta **51** cincuenta y uno **52** cincuenta y dos **53** cincuenta y tres **54** cincuenta y cuatro

59 cincuenta y nueve **60** sesenta **61** sesenta y uno **62** sesenta y dos **63** sesenta y tres

68 sesenta y ocho **69** sesenta y nueve **70** setenta **71** setenta y uno **72** setenta y dos

77 setenta y siete **78** setenta y ocho **79** setenta y nueve **80** ochenta **81** ochenta y uno

86 ochenta y seis **87** ochenta y siete **88** ochenta y ocho **89** ochenta y nueve **90** noventa

95 noventa y cinco **96** noventa y seis **97** noventa y siete **98** noventa y ocho **99** noventa y nueve

00,000 cien mil **1,000,000** un millón **1,000,000,000** mil millones

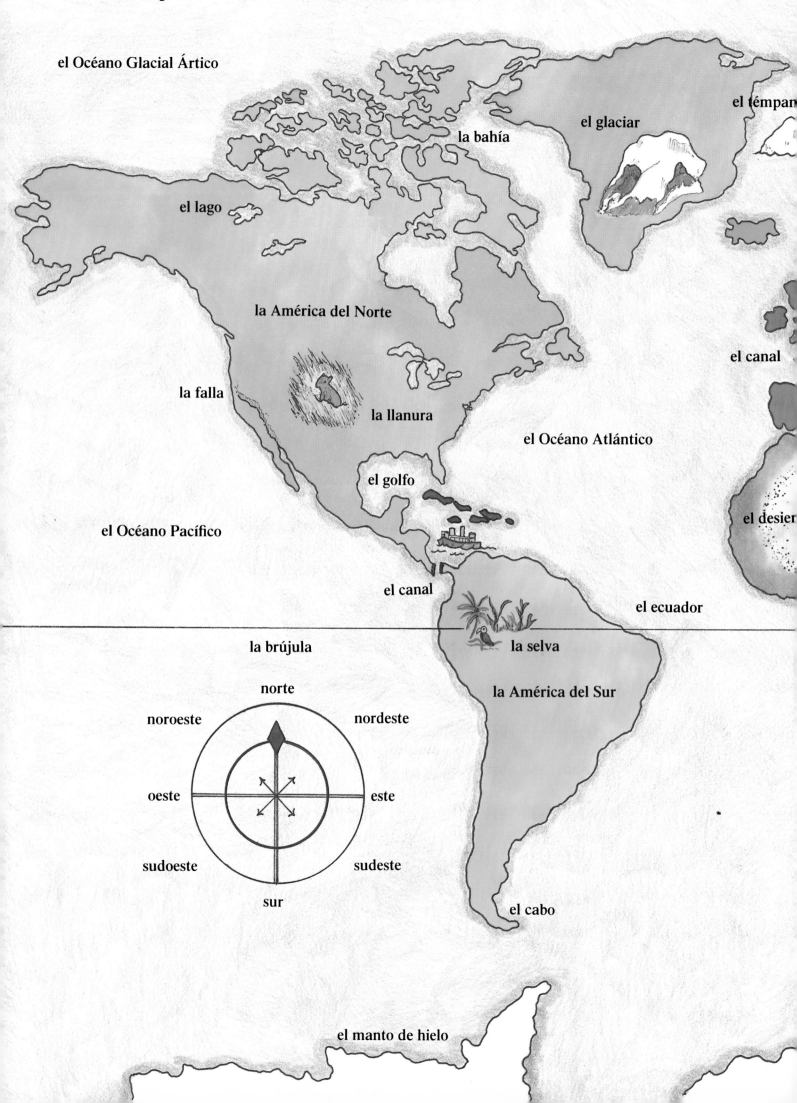

el Océano Glacial Ártico

la bahía

el glaciar

el témpan

el lago

la América del Norte

el canal

la falla

la llanura

el Océano Atlántico

el golfo

el desier

el Océano Pacífico

el canal

el ecuador

la brújula

la selva

la América del Sur

norte

noroeste   nordeste

oeste   este

sudoeste   sudeste

sur

el cabo

el manto de hielo

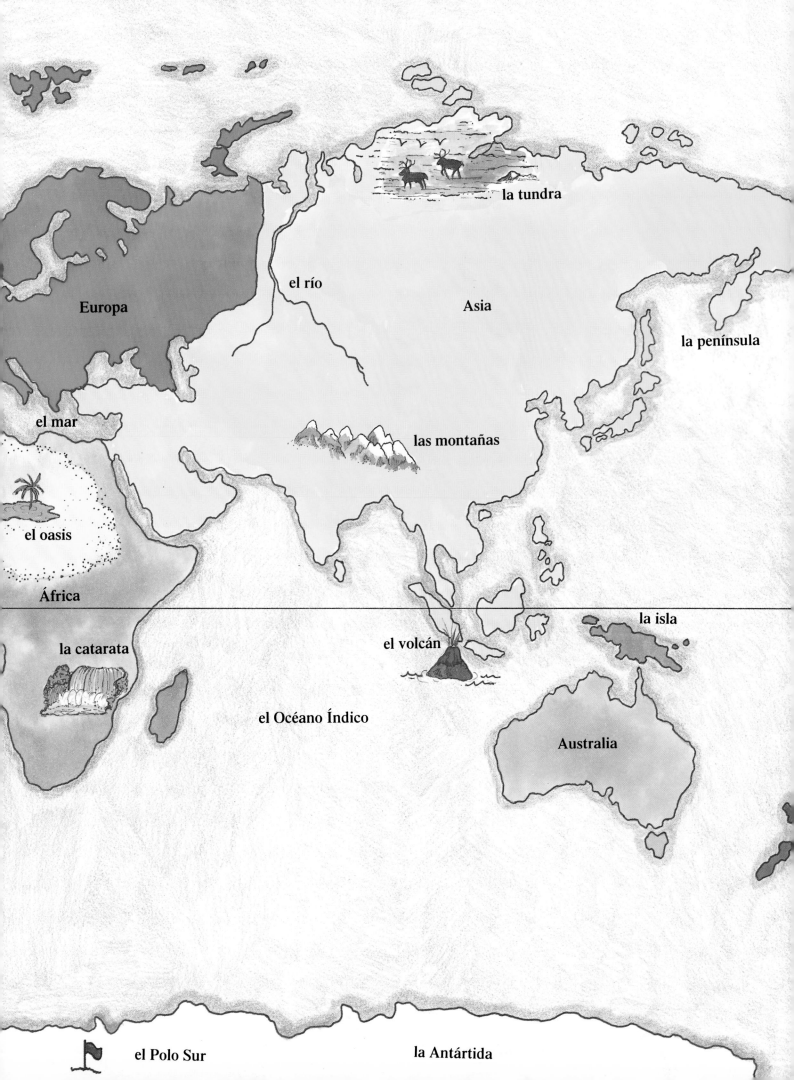

el Polo Norte

la tundra

el río

Asia

la península

Europa

el mar

las montañas

el oasis

África

la isla

la catarata

el volcán

el Océano Índico

Australia

el Polo Sur

la Antártida

Índice

Este índice es una lista de todas las palabras del diccionario en orden alfabético. Al lado de cada palabra está el número del dibujo donde encontrarás la palabra.